La Danse du Cygne

Ce livre est dédié à Swan Margaret Gray qui m'a appris la danse. –L. S.

À Eleanor. –J. M.

Un remerciement particulier à Ila Bush
pour ses précieux conseils lors de réalisation de cet ouvrage.

Pour l'édition originale parue sous le titre :
"Swan" publié en août 2015 par Chronicle Books (San Francisco)

Maquette par Kristine Brogno

Pour la présente édition :

62, rue Michel-Ange 75016 Paris
www.editionsetageredubas.com
Éditrice : Delphine Monteil
Maquettiste : Céline Robert
Traductrice: Cécile Provost

ISBN : 978-2-9557896-8-1
Dépôt légal : octobre 2018

Loi n°49-956 du 16 juillet 1949 sur les publications destinées à la jeunesse.

Achevé d'imprimer en septembre 2018
sur les presses de Leporello (Union Européenne).

FSC
www.fsc.org
MIXTE
Issu de sources responsables
FSC® C081880

La Danse du Cygne

La VIE *et la* DANSE *d'*ANNA PAVLOVA

de LAUREL SNYDER *illustré par* JULIE MORSTAD

L'ÉTAGÈRE DU BAS

La ville est immense.

Anna est petite.

La neige tombe

autour d'elle

et recouvre tout.

Mais, un soir ...

Le traîneau d'Anna

glisse à travers les rues.

Anna a froid au visage.

Le monde est plongé dans l'obscurité.

Maman sourit.

Puis—oh !

Les lumières.

Quelles lumières !

Il se passe *quelque chose* ...

Les gens se hâtent,

les robes défilent.

On entend des chuchotements,

un bourdonnement et...

CHUT !

Ça commence !

L'histoire commence. Une beauté endormie ouvre les yeux

... tout comme Anna.

Ses pieds se réveillent !

Sa peau picote.

Une musique résonne soudain en elle.

Maintenant, Anna ne peut plus dormir.

Ou rester
assise
tranquillement.

Elle ne peut que valser,
se balancer et tournoyer ...

Maintenant, Maman marmonne dans sa soupe.

Maintenant la neige tombe lentement
juste derrière la fenêtre.

Maintenant les écureuils
s'arrêtent pour regarder.

Maman accepte et Anna quitte la maison
pour affronter le monde et les gens.

Des gens *grands.*

Alors ?

Oh.

Deux années s'écoulent,
lentement.

Anna s'étire, attend son heure.

Linge, linge, *lessive.*

Linge, linge, *lessive.*

Même les écureuils se désintéressent.

Mais, *cette* fois, alors ?

Oui, ça y est !

Le travail commence.

Le travail ?

Le travail !

Plié

et tendu

et un pas en avant, un pas en arrière

et en troisième position !

et en arrière

et on tourne encore et encore

Encore !

Encore !

Et encore !

Jusqu'à ce qu'un soir
elle monte sur scène ...

Anna rayonne
de lumière, de grâce.

Tout le monde le ressent,
et les lampes brillent plus encore.
Le public retient son souffle.

Qui aurait cru qu'elle serait
si douée ?

Avec ces jambes trop maigres,
ces pieds tout tordus—

et oh, ces orteils !

Elle n'est qu'une fillette—
si petite—si fragile—

mais avez-vous vu son visage,
ses mouvements ?

Anna était née pour ça.

Pendant cinq
merveilleuses années,
les danseurs tournoient
autour d'Anna.
Les rideaux s'ouvrent et se ferment.

Enfin,

elle monte sur scène, seule…

et déploie des ailes blanches, un cygne.

Elle entremêle les notes, transforme la mélodie

en une véritable histoire.

Le public regarde.

Ne la quitte pas des yeux—

Anna est un oiseau en plein vol,
un caprice du vent et de l'eau.

Un plumage tranquille dans un monde
immense et bruyant.

Anna *est* le cygne.

Elle sillonne le monde.

Il y a des manteaux de fourrure
et des richesses.

Des rois et des reines.

Des perles à porter.

Des cocktails à honorer.

Mais, ce n’est pas suffisant.

Anna se souvient d’une petite chambre froide,

d’une petite fille seule à une fenêtre.

Linge, linge, *lessive.*
Linge, linge, *lessive.*

Quelque part, des personnes n’ont pas entendu sa musique.

Anna continue sa route.

Des forêts et des plaines,

des villes tentaculaires et des villages minuscules.

Le monde est affamé

et Anna le nourrira de beauté.

D'arènes en scènes de cabaret,

elle touche

tout le monde.

Les malades et les pauvres

viennent à sa rencontre à bord

des trains et des bateaux,

ils l'acclament et sont réconfortés en retour.

Anna marche sous la pluie, dort à même le sol :

Elle est—une reine,

un fantôme,

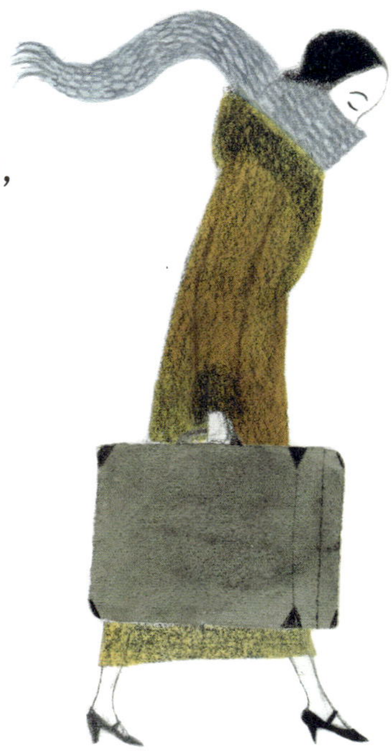

un flocon de neige,

une libellule !

Et encore et toujours

le meilleur,

le cygne.

Lorsque les gens lui jettent des fleurs, elle leur renvoie gentiment.

Danser lui suffit.

Bien sûr, la tournée touche toujours à sa fin,
le bateau regagne le port, le train, la gare…

et il y a
des animaux et des gens,
des dîners et des réunions,
la terre et la maison.

Mais, pas la maison dont Anna se souvient…

cette maison n'existe plus.

Anna ne retournera pas dans la ville enneigée.

Il y a la guerre là-bas, un mur.
Tout a changé.

Les grelots des traîneaux
ne tintent plus dans les rues de Petrograd.

Anna se construit une nouvelle vie,
un nouveau conte de fées.

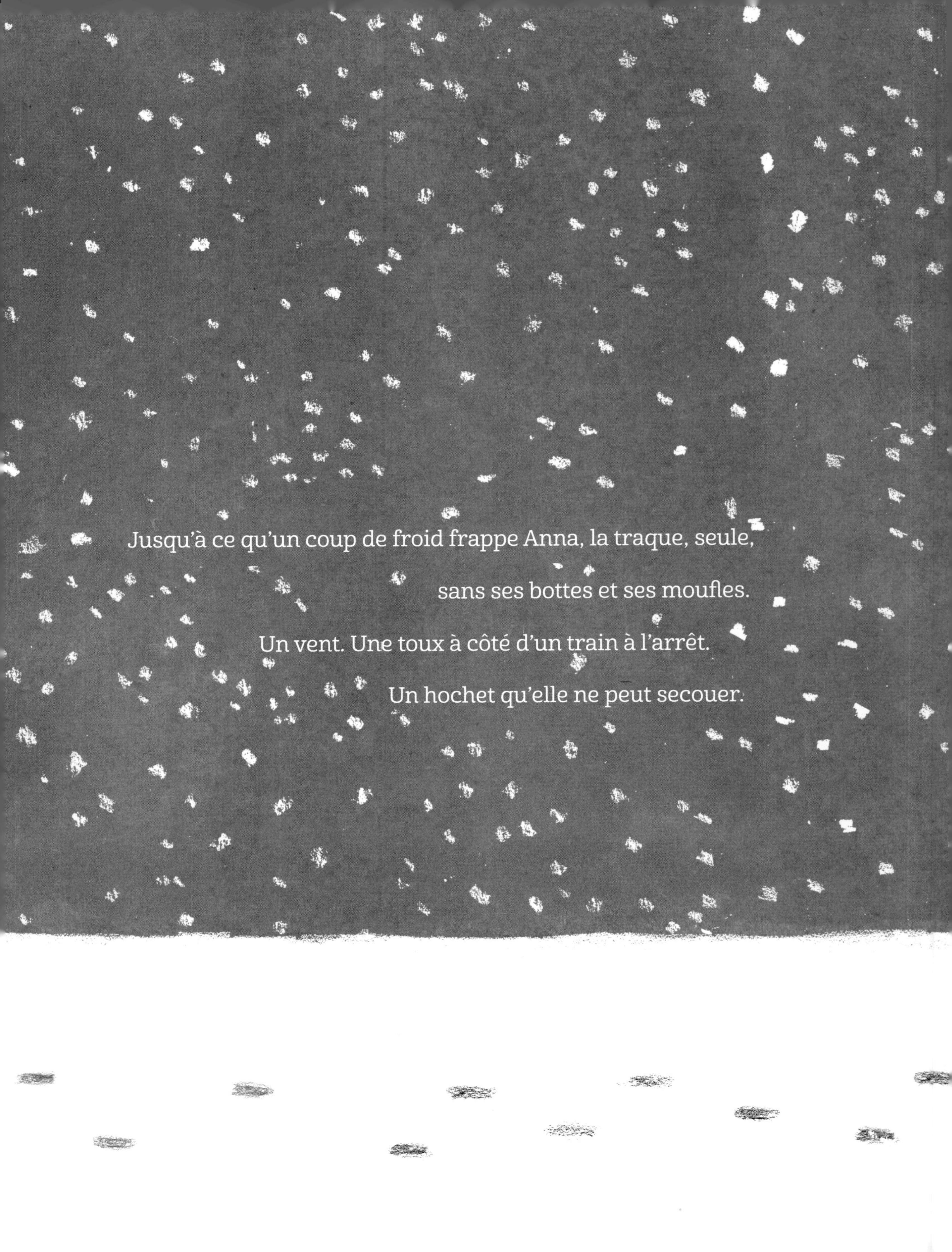

Jusqu'à ce qu'un coup de froid frappe Anna, la traque, seule,

sans ses bottes et ses moufles.

Un vent. Une toux à côté d'un train à l'arrêt.

Un hochet qu'elle ne peut secouer.

A. PAVLOVA

Pour s'échapper, Anna tente de valser,
de se balancer et de tournoyer.

Elle se libérera à force de pirouettes, encore et encore, pense-t-elle.

Si elle peut simplement continuer à danser.

Elle fait appel à ses plumes.

Mais ...

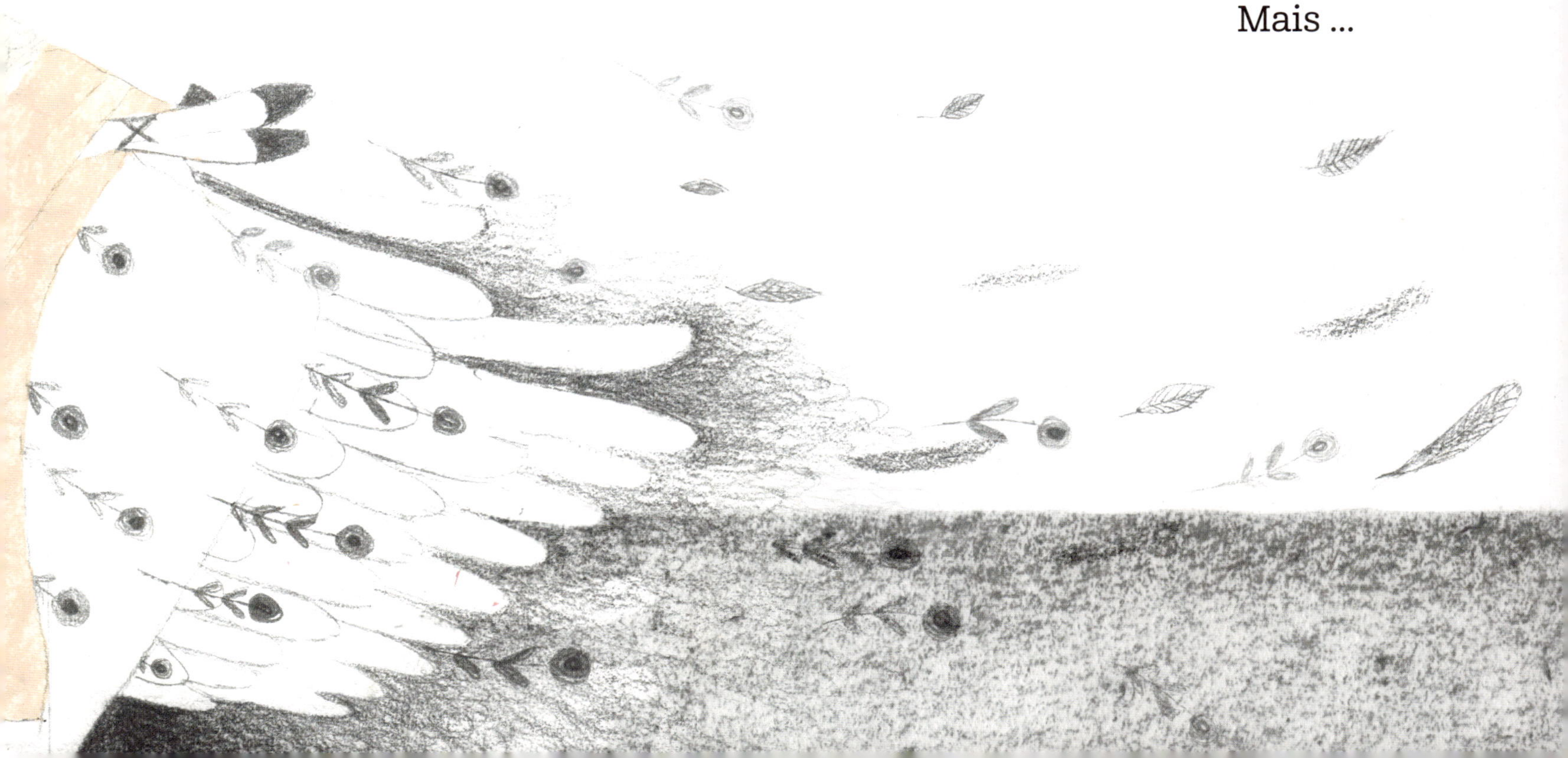

Tout jour laisse place à la nuit.

Tout oiseau finit par replier ses ailes.

Toute plume finit par tomber et s’arrêter sur le sol.

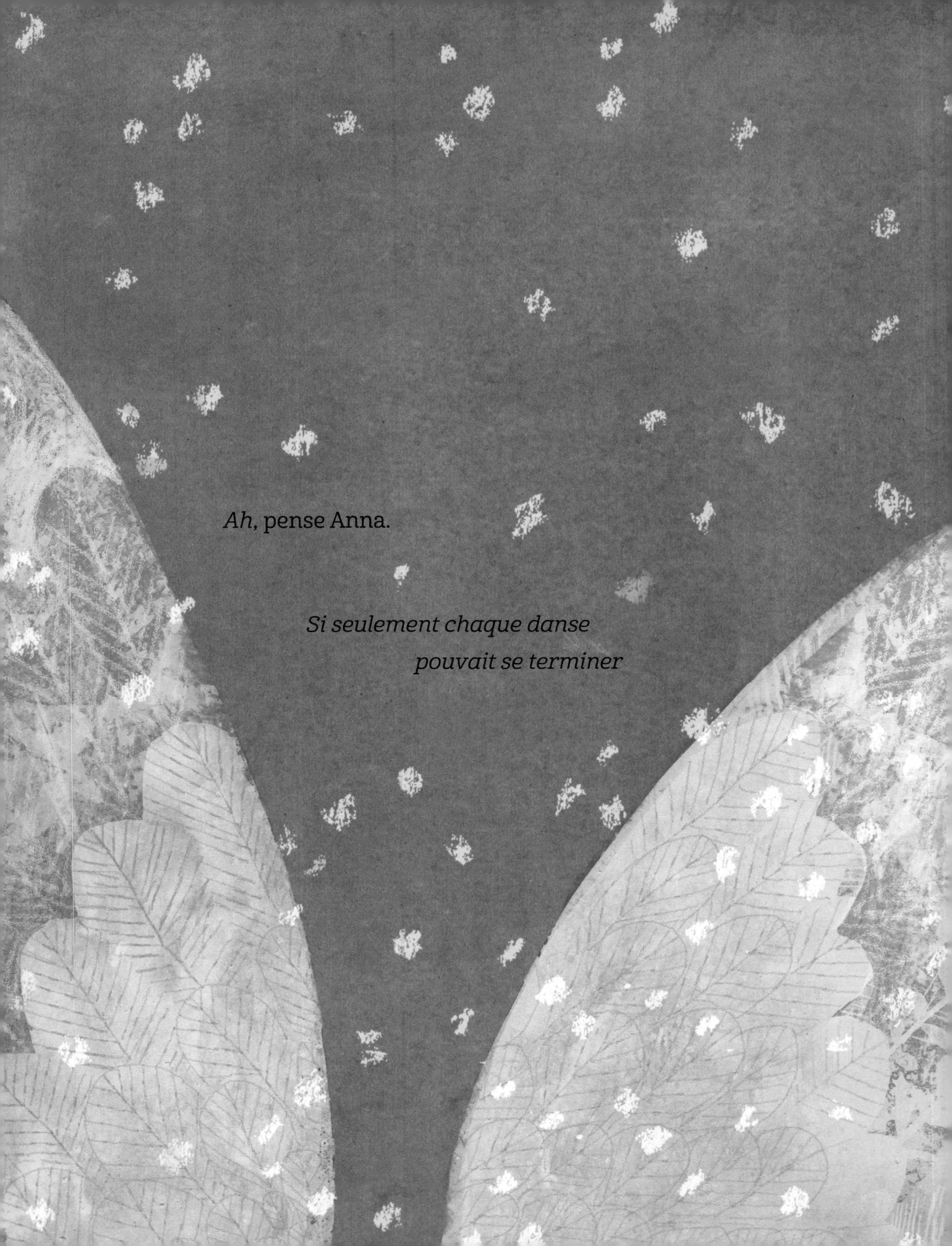

Ah, pense Anna.

Si seulement chaque danse
pouvait se terminer

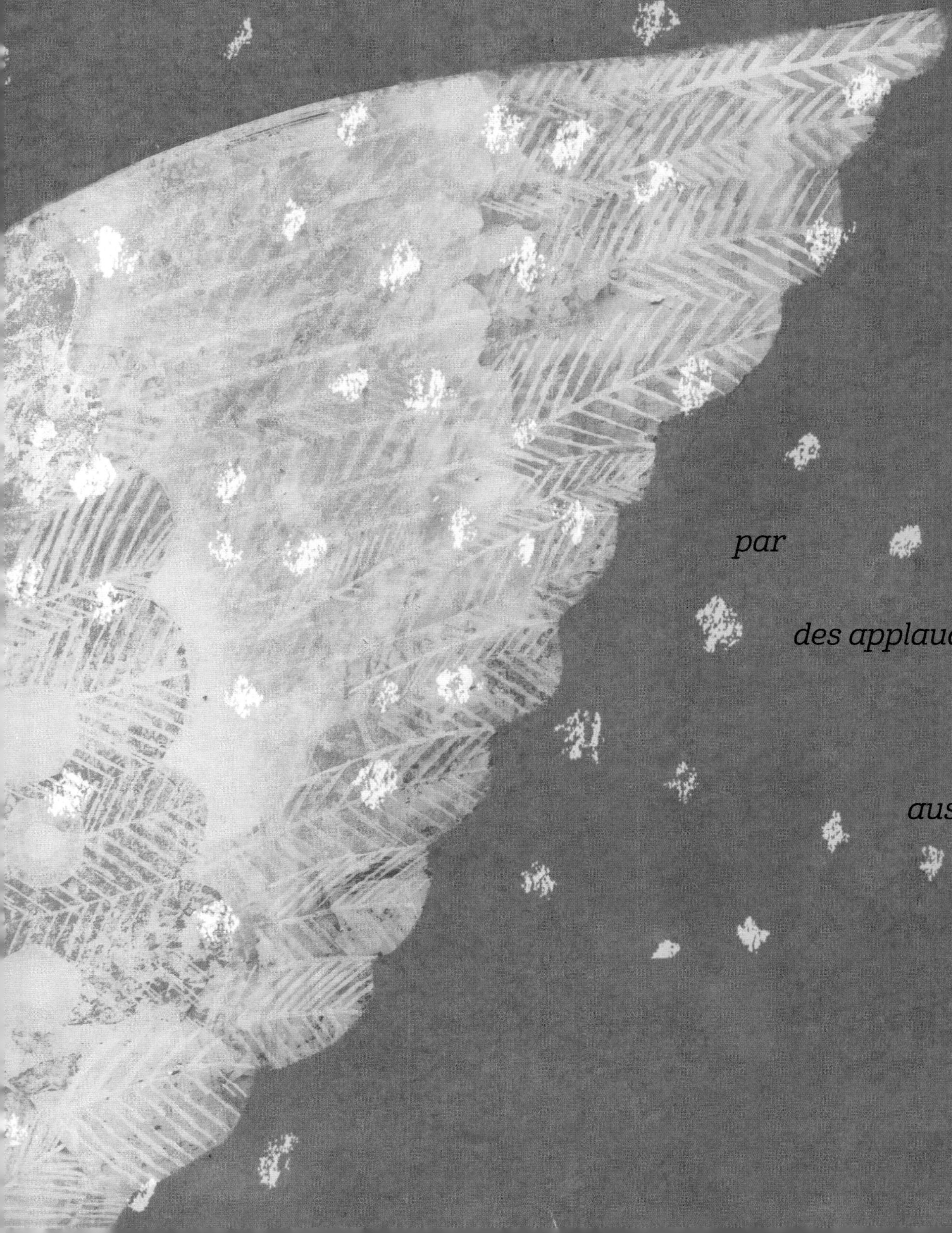

par

des applaudissements

aussi doux.

Note de l'auteure

Anna Pavlova est née en 1881 d'une mère qui était lessiveuse et peinait à joindre les deux bouts. La vie était difficile et, dans la Russie des tsars, les pauvres restaient généralement pauvres. Anna aurait dû mener une triste vie.

Mais un soir, tandis qu'Anna et sa mère montaient dans leur traîneau pour se rendre au théâtre Mariinsky, cette dernière lui dit : « Tu t'apprêtes à entrer dans un monde enchanté. » Là-bas, Anna y entendit pour la première fois la musique de Tchaïkovsky. Elle regarda les danseurs monter sur scène et sa vie changea pour toujours. Anna sut ce qu'elle voulait faire de sa vie.

« Pour devenir danseuse, tu devras quitter ta maman et devenir une élève de l'école de ballet », lui expliqua sa mère. « Ma petite Nura n'aimerait pas abandonner sa maman, n'est-ce pas ? » À l'époque en Russie, les ballerines suivaient leur enseignement dans des internats et Anna n'avait jamais quitté sa mère.

Mais l'envie de danser d'Anna était si forte que lorsqu'elle eut 8 ans, elle passa une audition à l'École impériale de ballet. Elle ne fut pas retenue car elle était bien trop jeune. Elle devait patienter encore deux ans.

Quand elle fut finalement reçue à l'âge de 10 ans, Anna découvrit que bien qu'elle soit gracieuse et naturellement douée pour la danse, son corps n'était pas vraiment fait pour le ballet. Les danseurs à l'époque étaient musclés et agiles. Anna était mince et frêle, son dos fragile et ses orteils crochus la mettaient en difficulté pour faire des pointes. Les élèves de l'école se moquaient de sa maigreur et la surnommaient « le balai ».

Mais, rien ne pouvait stopper Anna. Elle travailla dur et renforça ses chaussons de danse pour parvenir à rester sur ses pointes. (Les chaussons que portent les danseurs aujourd'hui sont directement inspirés par ceux qu'Anna s'était fabriqués.) Finalement, sa fragilité lui permit de développer son propre style – plus dramatique, romantique, expressif. Anna tremblait et se déplaçait lentement. Elle interpréta le rôle principal de tous les grands ballets – Giselle, Les Sylphides, La Belle au Bois dormant et surtout La Mort du cygne – comme jamais ils ne l'avaient été auparavant. Elle devint peu à peu une danseuse très célèbre. Beaucoup la considéraient comme la plus grande danseuse de tous les temps.

Mais aussi extraordinaire qu'était sa danse, la réelle contribution d'Anna fut qu'elle était convaincue que le ballet était ouvert à tous. Au début du XXe siècle, le ballet était un art à part entière en Europe, destiné exclusivement aux classes aisées. Mais comme il avait changé la vie d'Anna, elle sentait qu'il pouvait également changer la vie d'autres personnes. Elle se mit à partager son art, voyageant à travers le monde et donnant des représentations dans des lieux surprenants, comme des arènes ou sur des dos d'éléphants. Elle partageait ses présents avec les pauvres comme les riches. Elle inspirait les gens partout où elle allait.

Puis, à l'hiver 1931, le train d'Anna percuta un autre train et s'arrêta brusquement. Elle sortit en pyjama et marcha le long du train pour voir ce qui s'était passé, mais elle attrapa un rhume qui se transforma en une pneumonie qui entraîna sa mort (ou pleurésie, les sources diffèrent). Même si elle voulait continuer à danser, Anna était trop malade et, pour la première fois de sa vie, elle ne put donner une représentation.

Sous l'effet de la fièvre, elle demanda son costume de cygne, comme si elle devait monter sur scène. Mais il n'en fût rien. Anna mourut cette nuit-là. « Jouez cette dernière mesure très doucement » furent ses derniers mots.

Lorsque je pense à Anna Pavlova, je pense à son Cygne. Mais plus encore, je pense à toutes les petites filles et petits garçons qui aiment le ballet. Je pense à tous ceux – aux millions de personnes à travers le monde (moi y compris !) – enfilant leurs chaussons de danse, s'exerçant à la barre ou enchaînant les pirouettes ; à tous ceux travaillant dans un mélange d'odeurs de sueur et de résine de pin ; à tous ceux visant la beauté. Tous redevables à Anna d'avoir ouvert la voie.

Bibliographie

Harcourt Algeranoff, *My Years with Pavlova.* William Heinemann, Londres, 1957.

Barbara Allman, *Dance of the Swan: A Story about Anna Pavlova.* Lerner, Minneapolis, 2001.

Victor Dandré, *La vie et la carrière d'Anna Pavlova.* Archives internationales de la danse, Paris, 1934.

Margo DeMello, *Feet & Footwear: A Cultural Encyclopedia.* Greenwood, Portsmouth, 2009.

Margot Fonteyn, *Pavlova : Portrait of a Dancer.* Viking, New York, 1984.

Jennifer Homans, *Apollo's Angels: A History of Ballet.* Random House, New York, 2011.

Oleg Kerensky, *Anna Pavlova.* Dutton, New York, 1973.

Ellen Levine, *Anna Pavlova: Genius of the Dance.* Scholastic, New York, 1995.

Valerian Svetloff, *Anna Pavlova.* M. de Brunhoff, Paris, 1922 (traduction française de W. Pétroff).

Sources des citations

Ellen Levine, *Anna Pavlova: Genius of the Dance.* Scholastic, New York, 1995

Valerian Svetloff, *Anna Pavlova.* M. de Brunhoff, Paris, 1922 (traduction française de W. Pétroff)